Europa im Überblick

Staaten Europas

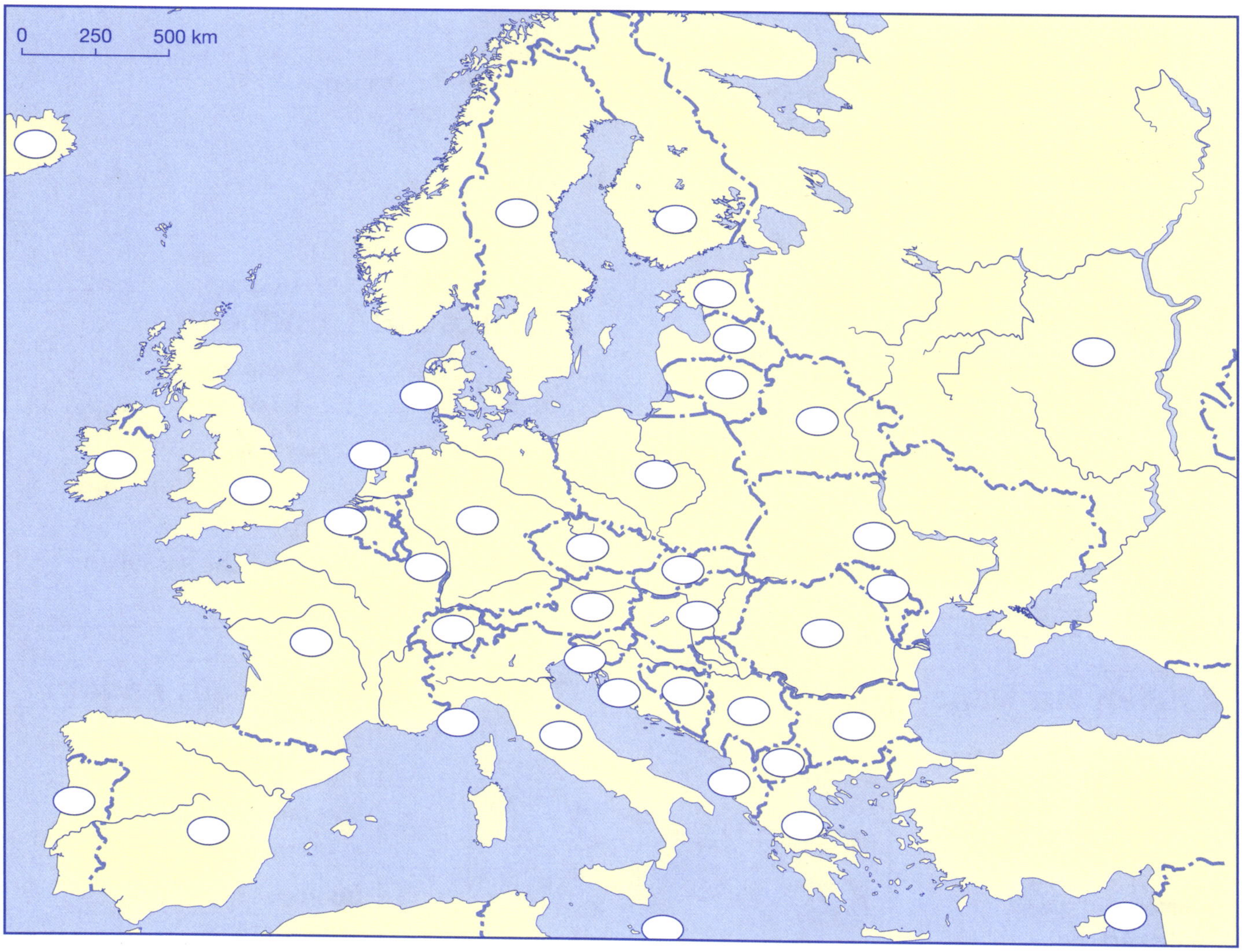

① Trage die Autokennzeichen ausgewählter europäischer Staaten in die Karte ein und ergänze in der Tabelle die Namen der Staaten.

Mitteleuropa	Nordeuropa	Westeuropa	Südeuropa	Südosteuropa	Osteuropa
D _____	DK _____	NL _____	P _____	RO _____	RUS _____
PL _____	N _____	B _____	E _____	BG _____	UA _____
CZ _____	S _____	L _____	I _____	AL _____	BY _____
SK _____	FIN _____	F _____	MC _____	HR _____	MD _____
H _____	IS _____	GB _____	GR _____	BiH _____	
A _____	EST _____	IRL _____	CY _____	SCG _____	
CH _____	LV _____		M _____	MK _____	
SLO _____	LT _____				

② Unterstreiche in der Tabelle die Staaten Europas, die der Europäischen Union angehören.

③ Male in der Karte die 10 Staaten farbig aus, die erst im Jahre 2004 mit der Osterweiterung der EU beigetreten sind. Beachte bei Zypern, dass nur der griechische Teil im Süden der Insel der EU angehört.

Europa im Überblick

Kulturelle Vielfalt Europas

❶ Wenke aus Trondheim, Phil aus Galway, Roberto aus Porto, Julien aus Nancy, Nikos aus Iraklion und Anna aus Radom sind Schüler der 6. Klasse in ihrem Land. Suche deren Heimatstädte im Atlas und trage sie in die Karte ein. Bestimme die Entfernung ihrer Wohnorte zu deinem Heimatort.

1_____ 2_____ 3_____ 4_____ 5_____ 6_____

❷ Vervollständige die fehlenden Angaben zum jeweiligen Schüler und seinem Heimatland.

❸ „Erfinde" selbst weitere „Mitschüler" zu den anderen Mitgliedsländern der EU.

1 Phil aus Galway
Staat: _____ Hauptstadt: _____
Sprache: _____ EU-Mitglied seit: _____
Übersetze in die Landessprache:
Guten Tag, Europa: _____
Ja: ___ Nein: ___ Auf Wiedersehen: _____
Essen und Trinken (landestypische Produkte):
_____

4 Wenke aus Trondheim
Staat: _____ Hauptstadt: _____
Sprache: _____ EU-Mitglied seit: _____
Übersetze in die Landessprache:
Guten Tag, Europa: _____
Ja: ___ Nein: ___ Auf Wiedersehen: _____
Essen und Trinken (landestypische Produkte):
_____

2 Julien aus Nancy
Staat: _____
Hauptstadt: _____
Sprache: _____
EU-Mitglied seit: _____
Übersetze in die Landessprache:
Guten Tag, Europa: _____
_____ Ja: ___
Nein: ___ Auf Wiedersehen:
_____
Essen und Trinken (landestypisch):
_____

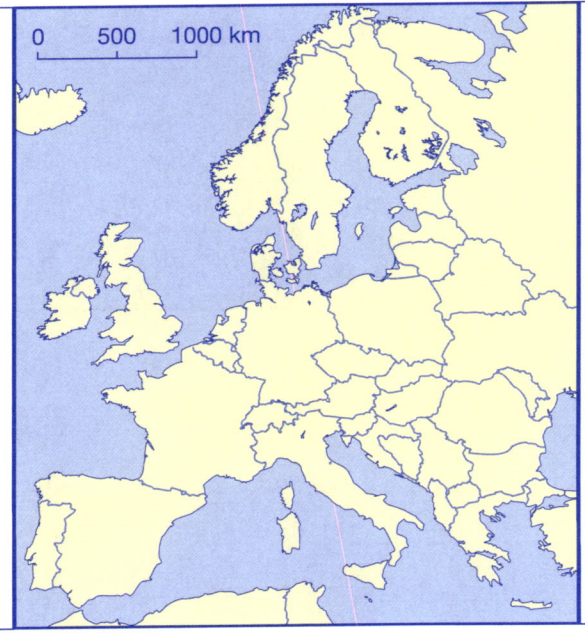

5 Anna aus Radom
Staat: _____
Hauptstadt: _____
Sprache: _____
EU-Mitglied seit: _____
Übersetze in die Landessprache:
Guten Tag, Europa: _____
_____ Ja: ___
Nein: ___ Auf Wiedersehen:
_____
Essen und Trinken (landestypisch):
_____

3 Roberto aus Porto
Staat: _____ Hauptstadt: _____
Sprache: _____ EU-Mitglied seit: _____
Übersetze in die Landessprache:
Guten Tag, Europa: _____
Ja: ___ Nein: ___ Auf Wiedersehen: _____
Essen und Trinken (landestypische Produkte):

6 Nikos aus Iraklion
Staat: _____ Hauptstadt: _____
Sprache: _____ EU-Mitglied seit: _____
Übersetze in die Landessprache:
Guten Tag, Europa: _____
Ja: ___ Nein: ___ Auf Wiedersehen: _____
Essen und Trinken (landestypische Produkte):

© 2004 Schroedel

Klima und Vegetation in Europa

Wir arbeiten mit Klimadiagrammen

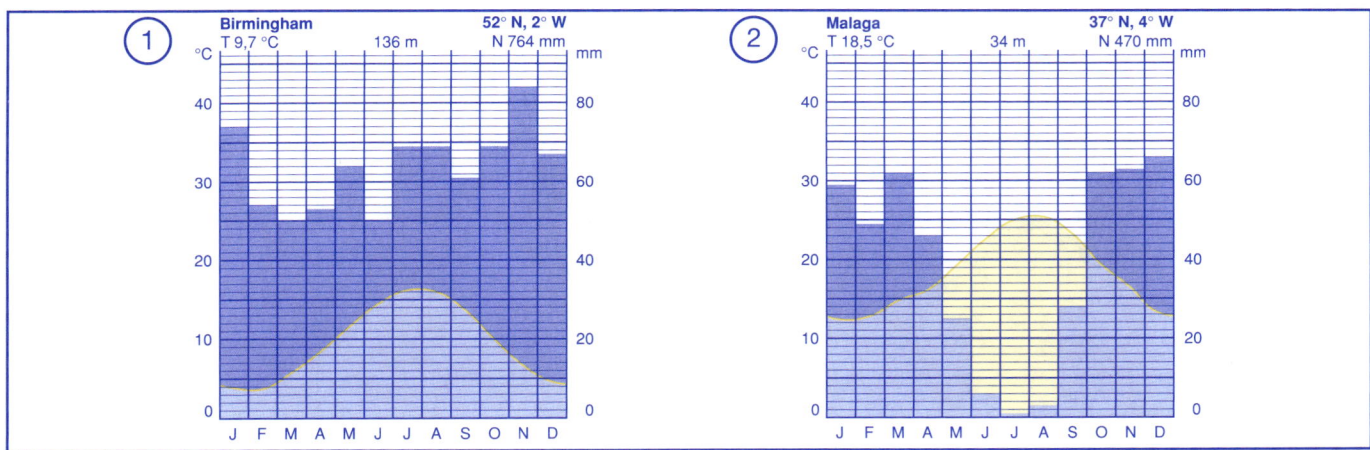

❶ Werte diese Klimadiagramme nach folgenden Arbeitsschritten aus:

- Jahresdurchschnittstemperatur: _____ _____
- wärmster Monat: _____ _____
- Jahrestemperaturschwankung: _____ _____
- Jahresniederschlag: _____ _____
- Niederschlagsverteilung: _____ _____
- Klimazone: _____ _____

❷ Stelle folgende Werte in einem Klimadiagramm dar (Lage 55° N, 83° O, Höhe: 162 m).

	J	F	M	A	M	J	J	A	S	O	N	D	Jahr
T (°C)	−19	−17	−11	0	10	16	19	16	10	1	−10	−17	−0,2
N (mm)	16	12	13	22	34	60	74	60	45	35	30	24	425

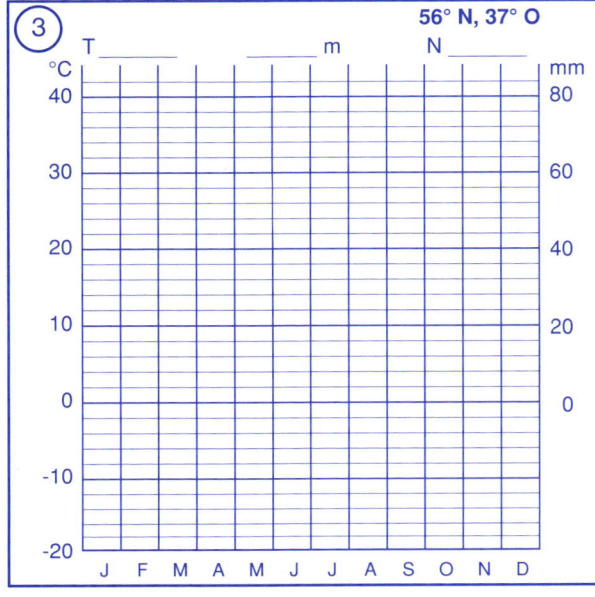

❸ Vergleiche die Diagramme 1 und 3. Nenne drei Unterschiede:

- _____
- _____
- _____

Erkläre diese Unterschiede:

_____
_____
_____

Klima und Vegetation in Europa

4

Großlandschaften, Klima- und Vegetationszonen Europas

❶ Zeichne in die Karte ein oder benenne in der Legende die vorgegebenen topographischen Begriffe.

Gebirge
1 Alpen
2 Apenninen
3 Pyrenäen
4 _____
5 _____
6 Dinarisches Gebirge
7 Karpaten

Meere
8 Atlantischer Ozean
9 Mittelmeer
10 Schwarzes Meer
11 Nordsee
12 Ostsee

Inseln / Halbinseln
13 Island
14 Britische Inseln
15 Irland
16 Korsika
17 Sardinien
18 Sizilien
19 Kreta
20 Balkanhalbinsel
21 Apenninenhalbinsel
22 Pyrenäenhalbinsel
23 Malta

❷ Ordne die in der Karte vorgegebenen Orte den angegebenen Klimatypen (A, B, C) der gemäßigten Klimazone zu. Trage in die Karte die Vegetationszonen (D, E, F, G, H) Europas ein. Benenne sie in der Legende.

A _____ B _____ C _____

D _____ E _____ F _____

G _____ H _____

❸ Zeichne den Golfstrom in die Karte ein. Nenne Auswirkungen des Golfstromes.

_____

_____

_____

© 2004 Schroedel

Im Norden Europas

Nordeuropa – kennst du dich aus?

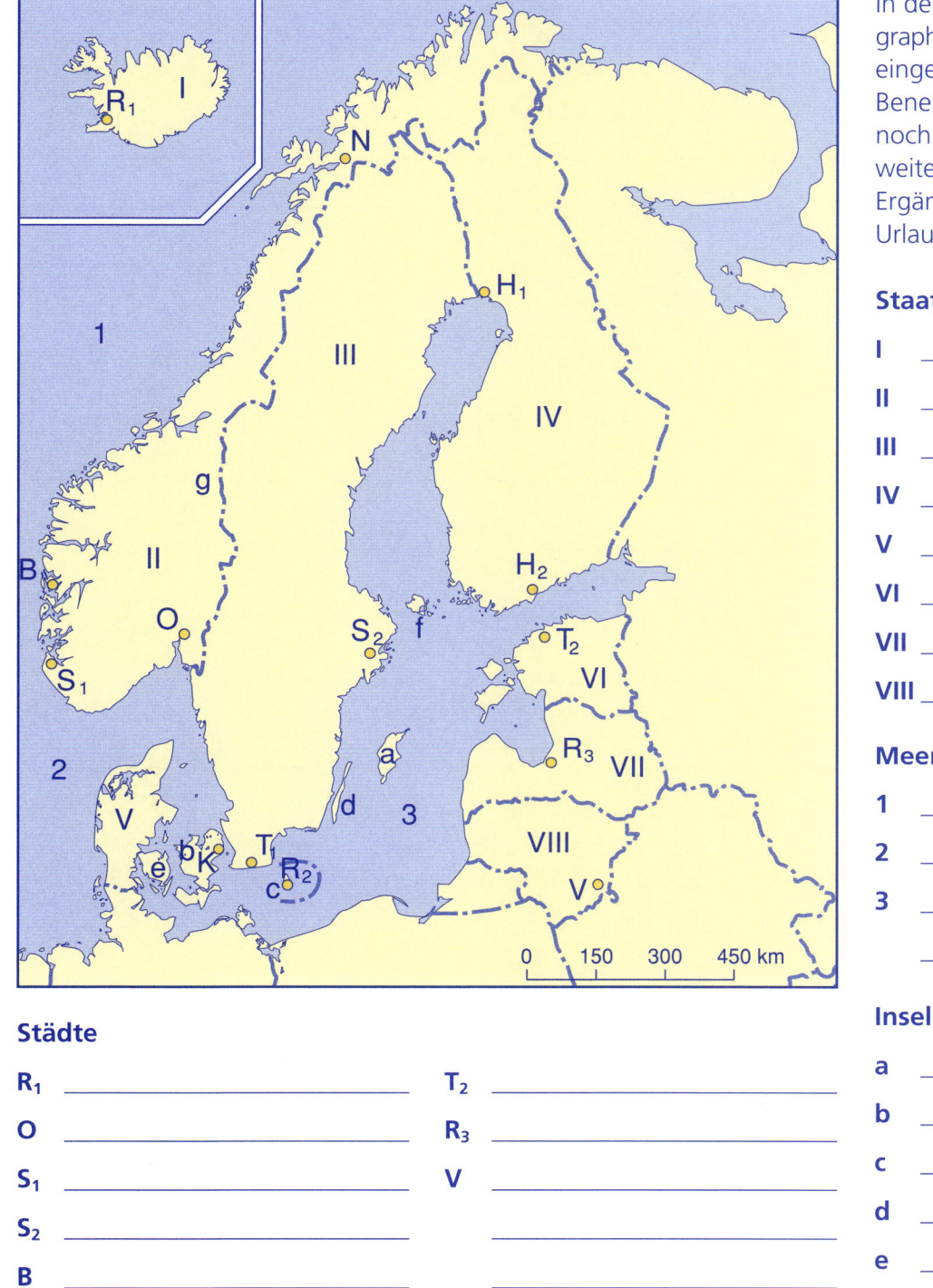

In der Karte sind wichtige topographische Objekte Nordeuropas eingezeichnet.
Benenne sie in der Legende. Die noch freien Linien kannst du für weitere Eintragungen verwenden. Ergänze z. B. Orte, in denen du im Urlaub warst.

Staaten

I _____
II _____
III _____
IV _____
V _____
VI _____
VII _____
VIII _____

Meere

1 _____
2 _____
3 _____
_____

Städte

R_1 _____
O _____
S_1 _____
S_2 _____
B _____
N _____
H_1 _____
T_1 _____
H_2 _____
K _____
R_2 _____

T_2 _____
R_3 _____
V _____

Inseln

a _____
b _____
c _____
d _____
e _____
f _____
_____
_____

Gebirge

g _____
_____

Im Norden Europas

Vom Eis geformte Landschaften

I. Im Abtragungsgebiet

1. Skizziere Profile durch einen Fjord und eine Schärenküste.
2. Trage Merkmale für Fjell, Fjord und Schären zusammen. Nutze das Lehrbuch.

Fjell	Fjord	Schären

II. Im Ablagerungsgebiet

1. Benenne in der Tabelle die Teile der glazialen Serie. Trage die entsprechenden Buchstaben in das Profil ein.
2. Trage in die Tabelle Merkmale für die Teile der glazialen Serie ein.

Glaziale Serie

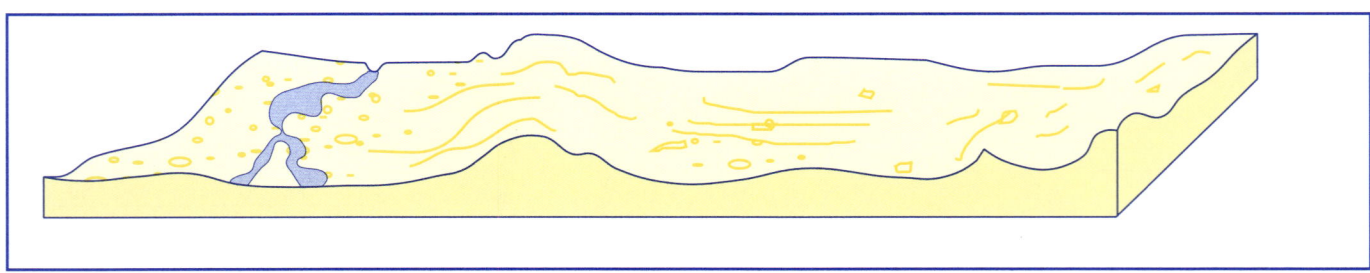

Ⓐ Grundmoräne	
Ⓑ	
Ⓒ	
Ⓓ	

Im Norden Europas

Rätselseite Nordeuropa

1 Trage die gesuchten Begriffe in das Kreuzworträtsel ein. Die gelb unterlegten Felder ergeben ein Lösungswort (Gruppe von Tieren), das für viele Samen im Norden sehr wichtig ist.

1. enge und steile Meeresbucht
2. „Transportarbeiter" im Pleistozän
3. nördlichster Punkt Europas
4. Sonne geht nördlich des Polarkreises nicht unter
5. „Riesenstein" aus Nordeuropa
6. Teil der glazialen Serie
7. „Warmwasserheizung" Europas
8. das „grüne Gold" Finnlands
9. Produkt der Holzverarbeitungsindustrie
10. Sonne geht nördlich des Polarkreises nicht auf
11. Bodenschatz der Nordsee
12. „Wohnort des Weihnachtsmannes" (Tipp: Ort im Norden Finnlands)

Lösungswort: _____

2 Der Sognefjord ist der längste Fjord Norwegens.
Miss mithilfe der Maßstableiste der Karte seine Länge: _____ km
Vergleiche die Länge des Fjordes mit Entfernungen in Deutschland. Ermittle dazu im Atlas die angegebenen Entfernungen und trage diese mit roten Linien in die Karte des Sognefjordes ein. Beschrifte dann die Linien mit den Nummern 1–4.

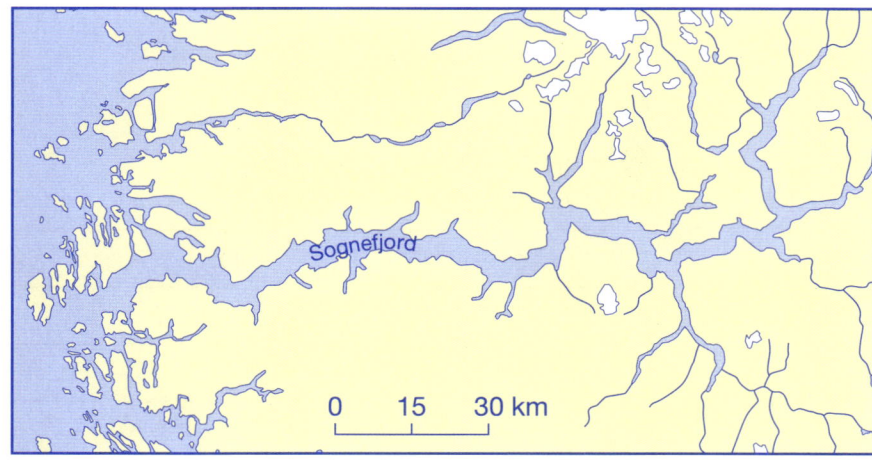

1 Berlin – Rostock:
_____ km

2 Hamburg – Hannover:
_____ km

3 Schulort – Landeshauptstadt:
_____ km

4 Schulort – Berlin:
_____ km

Europa zwischen Atlantik und Ural

8

Osteuropa – kennst du dich aus?

1 Benenne die in der Karte mit Buchstaben und Zahlen bezeichneten topographischen Objekte.

Staaten

I _____

II _____

III _____

IV _____

Seen, Flüsse

a _____

b _____

c _____

d _____

e _____

f _____

g _____

h _____

i _____

Landschaften, Meere

1 _____

2 _____

3 _____

4 _____

5 _____

6 _____

7 _____

8 _____

9 _____

10 _____

11 _____

12 _____

13 _____

Städte

A _____

B _____

C _____

D _____

E _____

F _____

G _____

2 Ergänze weitere große Städte.

_____

_____

_____

_____

_____

© 2004 Schroedel

Klimatypen der gemäßigten Klimazone

① Trage die vorgegebenen Temperaturkurven und Jahresniederschläge in der richtigen Reihenfolge (von West nach Ost) in die Kästchen ein.

② Benenne unter den Kästchen die Klimatypen.

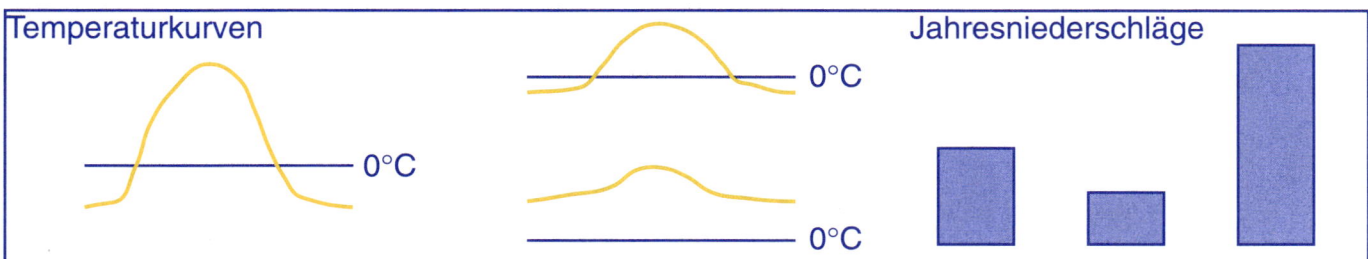

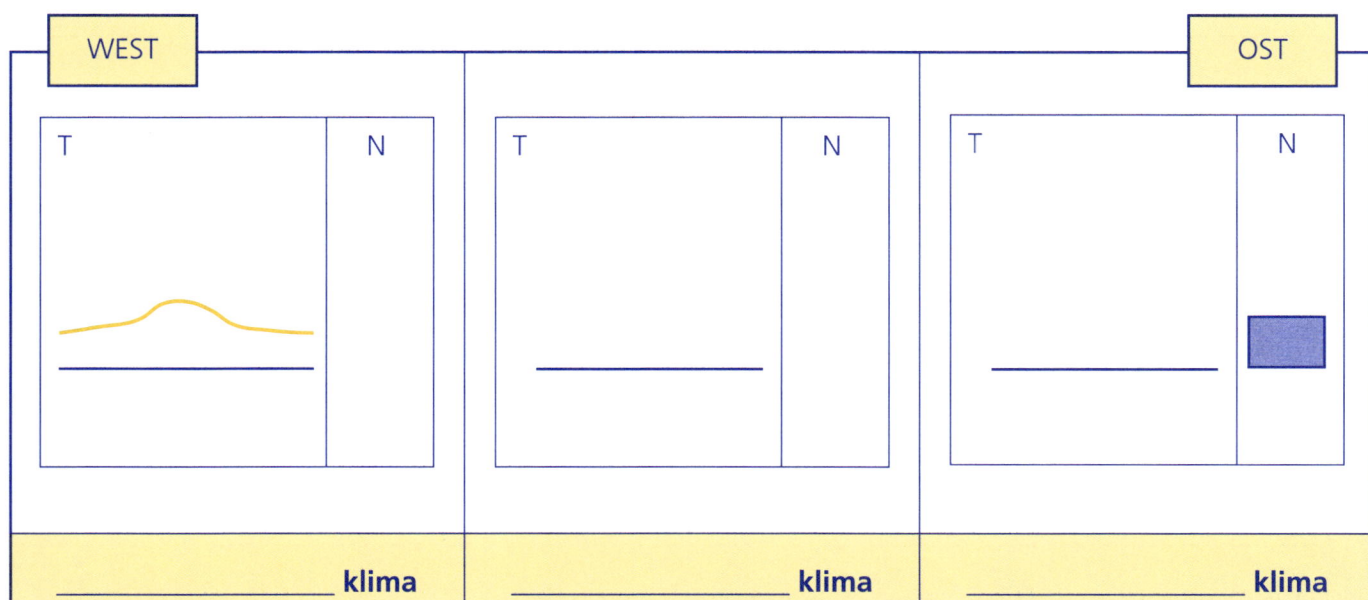

③ Charakterisiere Sommer und Winter für die Klimatypen.

_____ klima		_____ klima		_____ klima	
Sommer	Winter	Sommer	Winter	Sommer	Winter

In der Steppe

① Trage in die Skizze die Begriffe Baumsteppe, Grassteppe, Strauchsteppe und Waldsteppe ein.

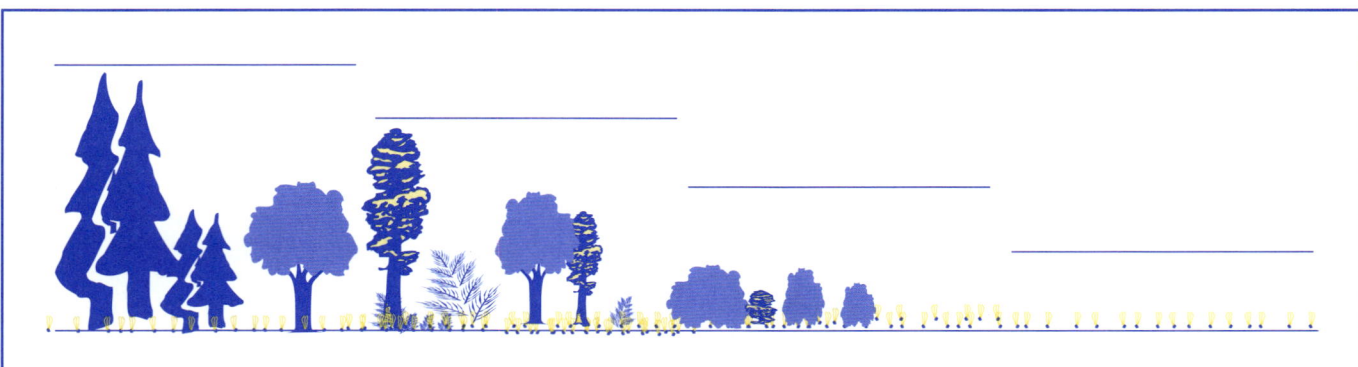

② In der Grassteppe: Ordne Klima- und Vegetationsmerkmale den Jahreszeiten zu.

		Frühling	Früh-sommer	Hoch-sommer	Herbst	Spät-herbst	Winter
Klimaereignis	Geringe Regen-niederschläge						
	Schnee						
	Schneeschmelze	X					
	Trockenheit						
Pflanzen-anpassung	Wachstumszeit						
	Trockenstarre						

③ Führe Beispiele zur Anpassung der Steppenpflanzen an das Klima auf.

_____

_____

_____

_____

④ Trage in die Tabelle Auswirkungen der Umgestaltung der Steppen auf Pflanzen, Tierwelt und Boden ein.

Pflanzen und Tierwelt	
Boden	

Europa zwischen Atlantik und Ural

Altindustrialisierte Räume

1 Vier der folgenden Sätze enthalten Fehler. Kennzeichne die falschen Aussagen mit einem Ⓕ.

a) Die Industrialisierung der Welt hatte in Mittelengland ihren Ursprung. ○
b) Wasserkraftwerke waren der Motor der Industrialisierung. ○
c) Auf der Grundlage von Braunkohle und Erz entstand die Eisenmetallurgie. ○
d) Wie Mittelengland sind auch Oberschlesien und Ruhrgebiet altindustrialisierte Räume. ○
e) Durch die Eisenmetallurgie entwickelte sich die Textilindustrie. ○
f) Zu Beginn des 20. Jh. gerieten die altindustrialisierten Räume in eine tiefe Krise. ○
g) In der Folge traten Massenarbeitslosigkeit und Abwanderung auf. ○
h) Heute dominieren moderne Industrien und Dienstleistungsunternehmen. ○

2 Berichtige die falschen Aussagen.

_____

_____

_____

3 Ergänze mithilfe des Atlas.

	traditionelle Industriezweige	moderne Industriezweige
Mittelengland		
Ruhrgebiet		
Oberschlesien		

4 Begründe die Standortwahl für die Industrialisierung.

_____

_____

_____

Europa zwischen Atlantik und Ural

Paris – das Zentrum Frankreichs

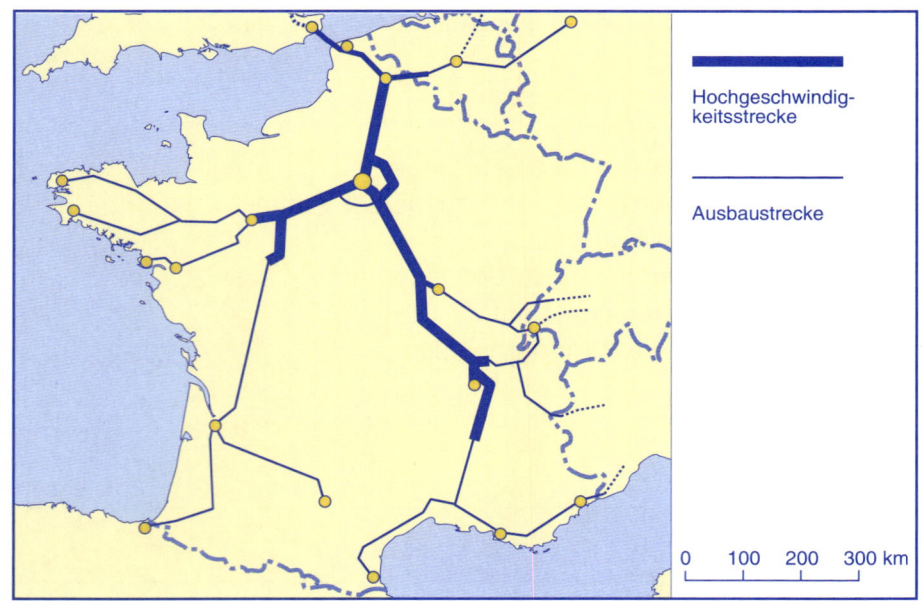

❶ Bezeichne in der Karte die Ausgangs- und Endpunkte ausgewählter Bahnlinien und die an ihnen liegenden Städte. Betrachte die Lage von Paris im Bahnnetz. Notiere, was dir dabei auffällt.

_____

_____

_____

_____

_____

❷ Löse das Rätsel. Trage die Buchstaben der gelb unterlegten Felder in die Lösungsleiste ein.

1. Bewohner Frankreichs
2. Sehenswürdigkeit in Paris
3. Landschaft in Ostfrankreich
4. Industriestandort an der Westküste
5. Bedeutendes Weinbaugebiet
6. Französische Bezeichnung für „Straße"
7. Französische Käseart
8. Geschäftsviertel in Paris
9. Internationales Modezentrum
10. Berühmtes prickelndes Getränk
11. Fluss in Paris
12. Gewässer zwischen GB und F
13. Verkehrsmittel in Paris
14. Landschaft in Südostfrankreich
15. Stadt in Nordfrankreich
16. Hafenstadt für Fährschiffe
17. Fluss, der ins Mittelmeer mündet
18. Hafen an der Westküste

Das Lösungswort verweist auf die Bedeutung der Hauptstadt Paris.

1	2	3	4	5	6	7	8	9	10	11	12	13	14	15	16	17	18

Niederlande – Küstenschutz und Landgewinnung

Mit dem Schutz der tiefer gelegenen Landesteile durch Deiche und Dämme gegen Überflutung wurde die Vorstufe für immer größere Landgewinnungen geschaffen. Das Deltaprojekt und das Zuiderseeprojekt gehören zu den umfangreichsten Projekten der Niederlande.

1. Beschrifte die beiden Projekte in der Karte und bestimme mithilfe der Maßstabsleiste die Ausdehnung dieser Gebiete (Vergleiche mit bekannten Entfernungen).

2. Bestimme die Namen der beschrifteten Objekte (Nachbarländer, Meere, Städte, Flüsse) und trage sie in die Legende ein.

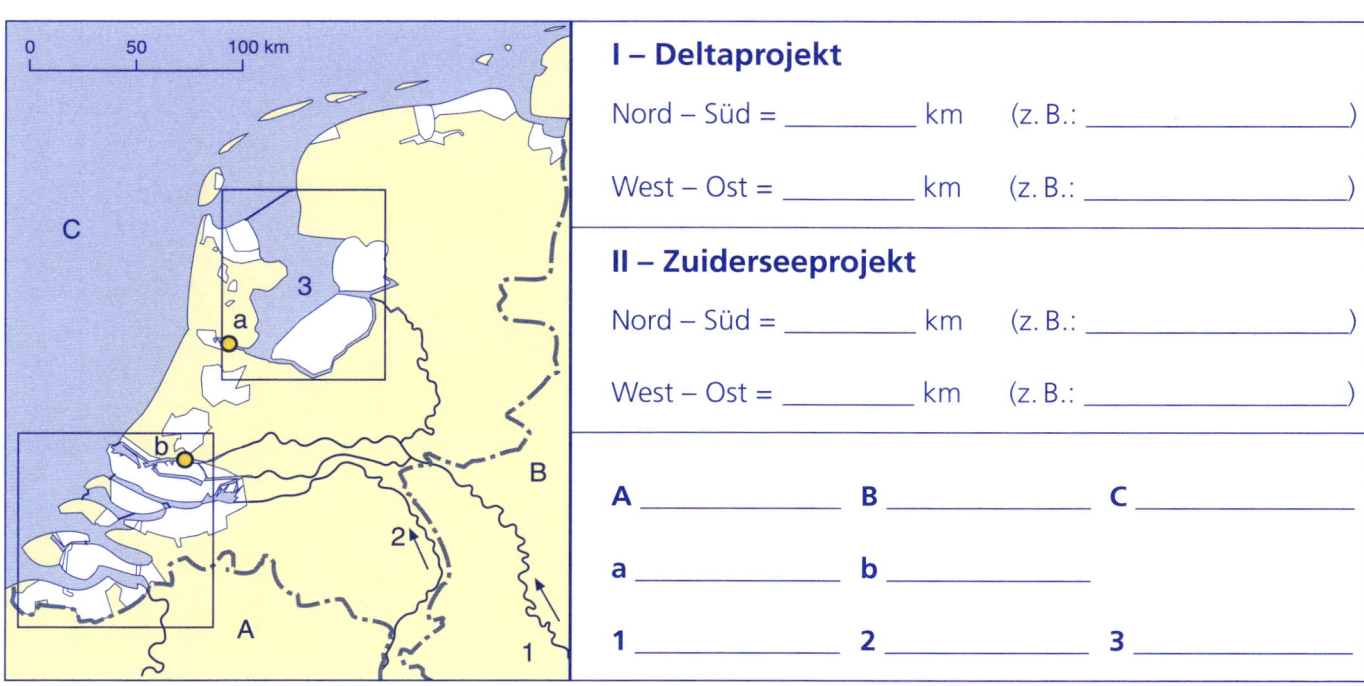

I – Deltaprojekt

Nord – Süd = _____ km (z. B.: _____)

West – Ost = _____ km (z. B.: _____)

II – Zuiderseeprojekt

Nord – Süd = _____ km (z. B.: _____)

West – Ost = _____ km (z. B.: _____)

A _____ B _____ C _____

a _____ b _____

1 _____ 2 _____ 3 _____

3. Vervollständige die Tabelle durch Angaben zum Deltaprojekt und zum Zuiderseeprojekt.

	Deltaprojekt	Zuiderseeprojekt
Gründe für das Projekt		
positive Folgen		
Probleme		

4. Äußere deine Meinung zum Zuiderseeprojekt. Beachte auch den Schutz der Natur.

_____

_____

Zwischen Atlantik und Ural

1 Kennzeichne die im Buchstabenrechteck versteckten 11 Länder farbig.

2 Warschau, London und Moskau liegen in der gemäßigten Klimazone und weisen einige der folgenden Klimamerkmale auf:

warme Sommer – sehr kalte Winter – geringe Jahrestemperaturschwankungen – hohe Niederschläge – Kontinentalklima – milde Winter – kühle Sommer – Übergangsklima – Seeklima – kalte Winter – milde Sommer – mäßige Jahrestemperaturschwankungen – geringe Niederschläge – hohe Jahrestemperaturschwankungen – mäßige Niederschläge

F	O	S	C	H	W	E	I	Z	S	N
I	R	L	A	N	D	P	S	T	L	I
R	M	A	S	I	F	O	L	S	O	E
U	O	R	N	D	A	L	O	C	V	D
S	L	W	U	K	V	E	V	H	A	E
S	D	K	K	S	R	N	E	E	K	R
L	L	R	R	O	L	E	N	C	E	L
A	D	A	A	E	L	G	I	H	I	A
N	A	I	I	B	E	L	E	C	E	N
D	U	U	N	G	A	R	N	E	H	D
E	R	B	E	L	G	I	E	N	T	E

a) Trage die Städte in die Tabelle von West nach Ost ein.
b) Ordne ihnen die genannten Klimamerkmale zu.
c) Ergänze den entsprechenden Klimatyp der gemäßigten Klimazone.
d) Notiere die Vegetationszone, in der sich die Städte befinden.

W ⟶ O

Stadt	_____	_____	_____
Klimamerkmale			
Klimatyp			
Vegetationszone			

Im Alpenraum

Im Alpenraum – kennst du dich aus?

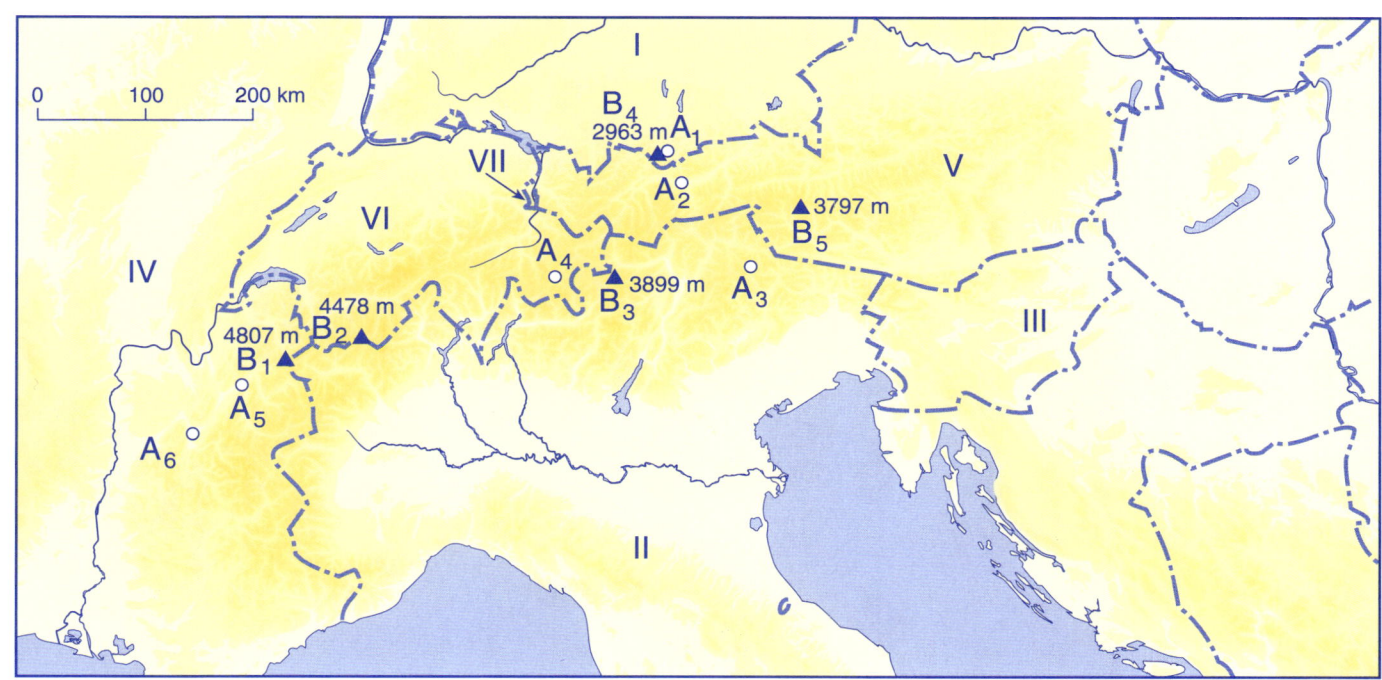

1 Benenne die in der Karte eingezeichneten topographischen Objekte.
Trage für die Staaten V, VI, VII zusätzlich die Hauptstädte in die Karte ein. Benenne sie mit a, b, c.

I _____ II _____ III _____ IV _____

V _____ VI _____ VII _____

a _____ b _____ c _____

2 Bekannte Berggipfel in den Alpen:

Name des Berges	Höhe (in m)	Staat
B_1		
B_2		
B_3		
B_4		
B_5		

3 Ehemalige Austragungsorte olympischer Winterspiele:

Austragungsort (Stadt)	Staat
A_1	
A_2	
A_3	
A_4	
A_5	
A_6	

Im Alpenraum

16

Höhenstufen der Vegetation

❶ Vergleiche die Vegetationsstufen sowie die Lage der Landwirtschaftsbetriebe auf der Nord- und Südseite der Alpen.

	Alpennordseite	**Alpensüdseite**
Schnee- und Eisregion		
Mattenzone		
Nadelwaldstufe		
Laubwaldstufe		
Viehwirtschaft		
Obst- und Weinbau		

❷ Beschreibe die Unterschiede zwischen der Alpennord- und Alpensüdseite.

_____

_____

_____

❸ Begründe die unterschiedliche Lage der Vegetationsstufen sowie der Landwirtschaftsbetriebe auf der Nord- und Südseite der Alpen.

_____

_____

Im Alpenraum

Tourismus in den Alpen

1 Suche im Internet die Seite einer Urlaubsregion in den Alpen und notiere dir die genaue Internetadresse (z. B. http://www.serfaus-fiss-ladis.at/winter02/frames/frames.html).

_____

2 Stelle den Urlaubsort vor (z. B. Lage; Einwohnerzahl u. a.).

_____

_____

3 Prüfe, welche touristischen Einrichtungen der Ort besitzt. Überlege, welche Arbeitsplätze in dieser Einrichtung existieren.

Anlagen oder Einrichtungen für Touristen	In diesen Einrichtungen arbeiten
andere Bereiche, in denen Arbeitsplätze durch den Tourismus gesichert werden	
– z. B. Bauwesen	→ Maurer

4 Häufig wird gesagt, dass der Tourismus auch Probleme mit sich bringt. Notiere dir dafür Beispiele, die auf dein vorgestelltes Urlaubsgebiet zutreffen könnten.

_____

_____

_____

Im Alpenraum

18

Chaos in den Alpen?

1 Wahllos angeordnet? Wenn du genau suchst, findest du waagerecht oder senkrecht 30 Begriffe, die alle etwas mit den Alpen zu tun haben. Einen Begriff musst du jedoch von unten nach oben und einen von rechts nach links lesen. Viel Spaß beim Suchen! Es gilt ä = ae; ü = ue; ö = oe.

	A	B	C	D	E	F	G	H	I	K	L	M	N	O	P	Q	R	S	T	U	V	W	X
1	G	E	M	F	L	A	N	L	O	R	I	S	T	W	F	H	S	C	H	O	T	L	E
2	N	A	T	U	K	W	I	N	T	E	R	S	P	O	R	T	W	A	G	O	N	T	E
3	U	Z	E	H	L	A	L	P	E	N	B	A	Y	E	W	U	N	T	E	K	A	E	I
4	I	U	G	R	I	S	T	A	L	L	O	B	R	E	N	N	E	R	M	A	U	N	H
5	B	G	B	A	U	S	T	S	C	H	L	O	F	I	R	N	A	T	S	B	I	E	O
6	A	S	K	A	L	E	T	S	C	H	F	E	L	K	A	E	R	O	K	A	S	R	E
7	U	P	P	A	I	R	O	T	M	A	T	T	E	N	E	L	A	W	I	N	E	G	H
8	M	I	L	C	H	K	U	H	R	E	I	S	C	H	U	N	D	E	H	N	E	I	E
9	G	T	R	A	B	R	I	E	G	R	I	B	E	G	H	C	O	H	A	W	A	E	N
10	R	Z	O	S	T	A	U	S	E	E	H	A	T	F	R	O	S	I	N	A	Z	O	S
11	E	E	I	M	E	F	R	I	E	R	O	M	O	R	A	E	N	E	G	L	I	F	T
12	N	A	T	U	M	T	R	O	G	T	A	L	U	E	T	T	L	I	N	D	E	R	U
13	Z	I	E	H	L	W	A	N	D	E	R	E	R	O	S	Z	A	U	B	E	W	I	F
14	E	I	F	E	L	E	L	I	M	A	T	T	I	S	T	I	G	L	U	C	H	T	E
15	K	A	T	E	N	R	M	A	G	L	E	T	S	C	H	E	R	O	S	E	C	H	N
16	A	M	S	T	E	K	U	N	D	M	O	N	T	B	L	A	N	C	H	O	S	T	E
17	Z	O	Z	E	H	R	G	E	B	I	E	T	A	U	B	E	R	O	M	H	A	L	I

Gefunden: z. B. von 3F bis 3K = Alpen

_____
_____
_____
_____
_____
_____
_____
_____

© 2004 Schroedel

Im Süden Europas – kennst du dich aus?

1 Benenne die in der Karte mit Buchstaben und Zahlen bezeichneten topographischen Objekte.

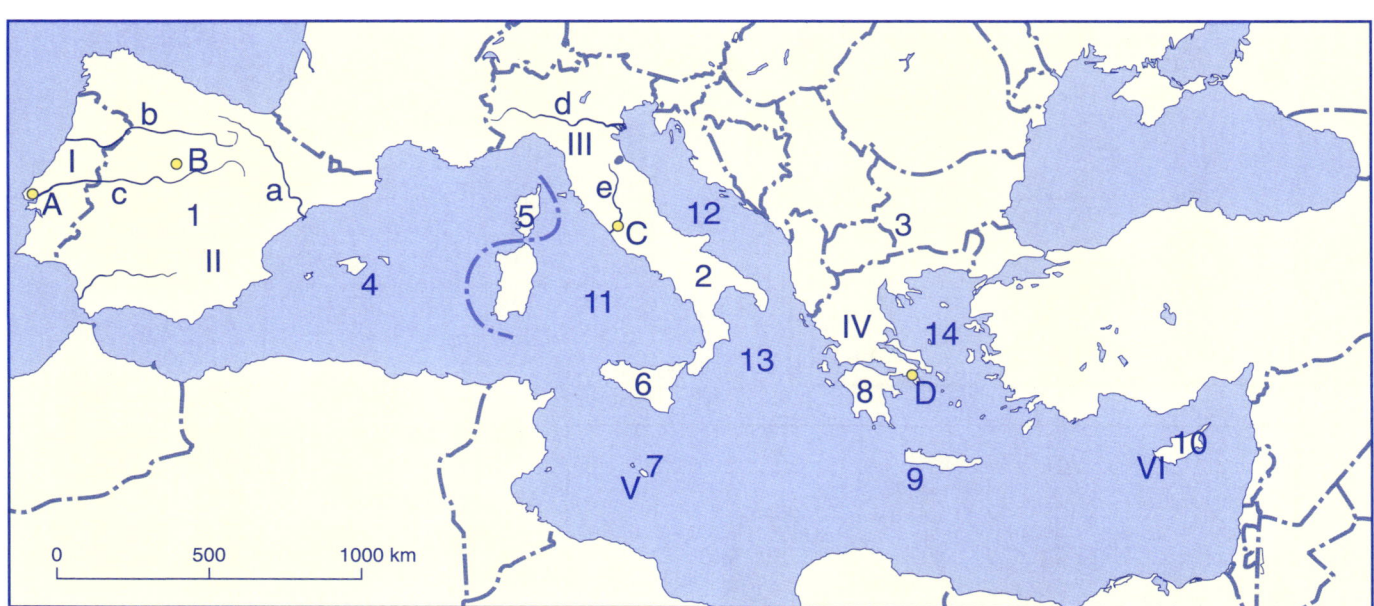

Halbinseln, Inseln

1 _____

2 _____

3 _____

4 _____

5 _____

6 _____

7 _____

8 _____

9 _____

10 _____

Flüsse

a _____

b _____

c _____

d _____

e _____

Meeresteile

11 _____

12 _____

13 _____

14 _____

Staaten

I _____

II _____

III _____

IV _____

V _____

VI _____

Hauptstädte

A _____

B _____

C _____

D _____

Im Süden Europas

Karsterscheinungen

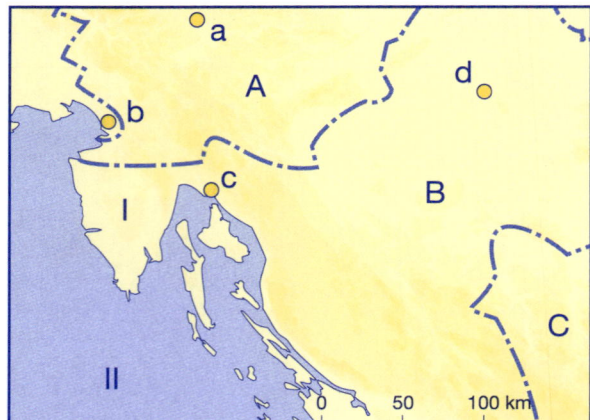

❶ Zeichne in die Karte ein und beschrifte.

   1 Karstgebirge   2 Dinarisches Gebirge

❷ Benenne die eingezeichneten Objekte.

a _____   c _____

b _____   d _____

A _____   B _____

C _____ - _____

I (Halbinsel) _____

II (Meer) _____

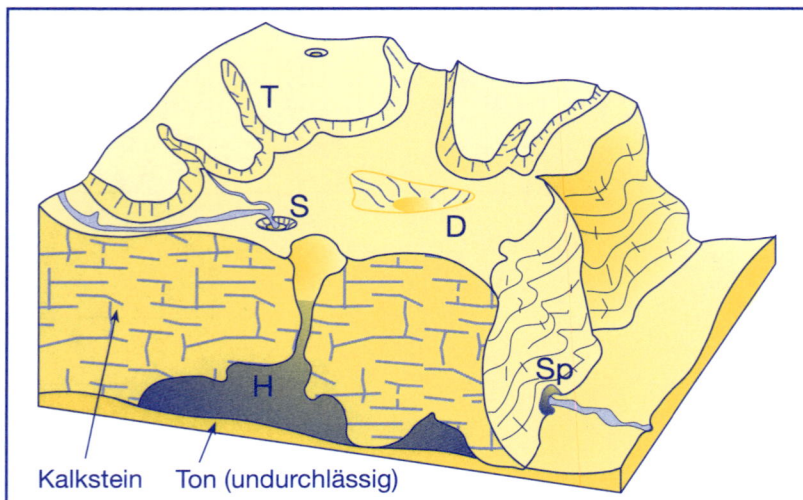

❸ Benenne die Karstformen.

T _____

D _____

S _____

S p _____

H _____

❹ Erkläre den Begriff Karst.

_____

_____

_____

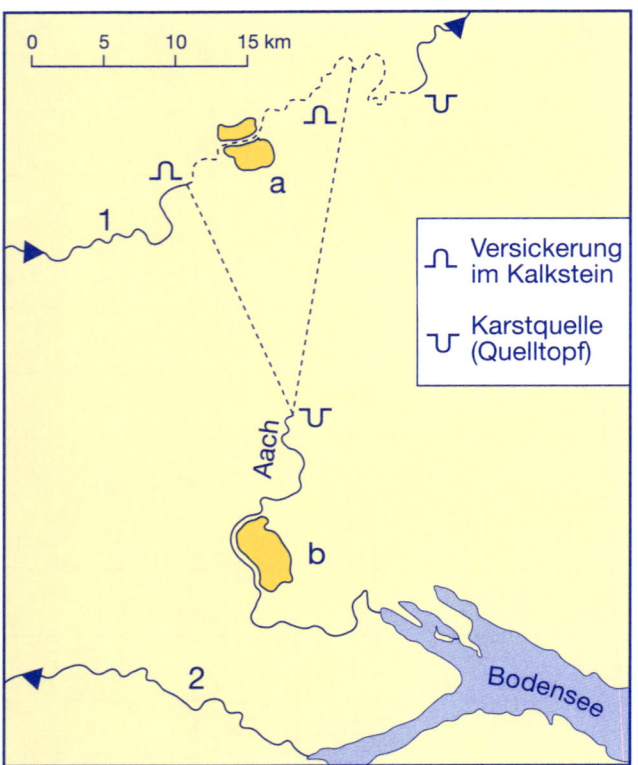

❺ Donauwasser in den Atlantik!
Die Donauversickerung bei Tuttlingen.

Benenne:

Städte: a _____

              b _____

Flüsse: 1 _____

              2 _____

Miss die Entfernung von den Versickerungsstellen zum Quelltopf:

_____ km

_____ km

Im Süden Europas

Vulkanismus und Erdbeben

1 Benenne die Teile eines Schichtvulkans.

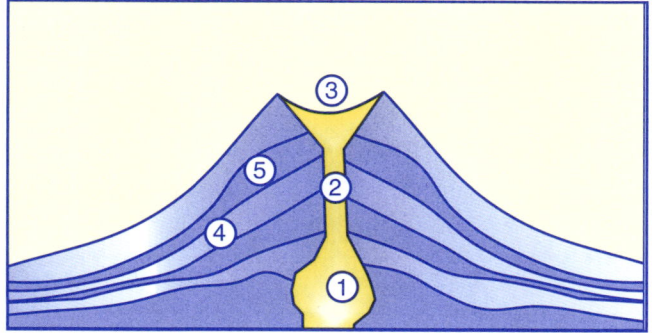

1 _____
2 _____
3 _____
4 _____
5 _____

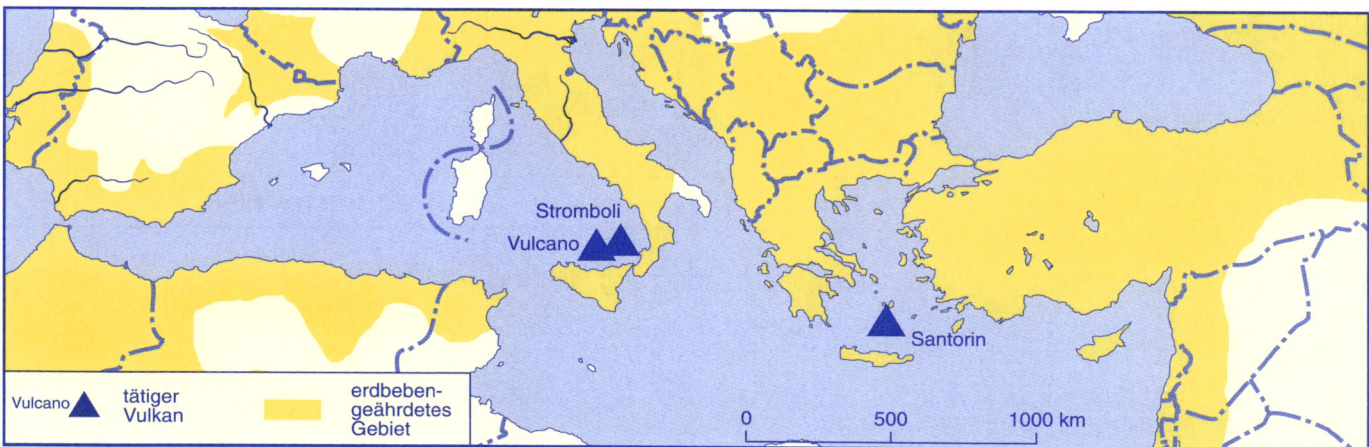

2 Zeichne Ätna und Vesuv in die Karte ein.

3 Trage die Anfangsbuchstaben der Staaten mit erdbebengefährdeten Gebieten in die Karte ein.

4 Trage in die Tabelle Gründe für die Besiedlung von Gebieten mit Vulkanismus und Erdbeben sowie Auswirkungen auf das Leben der Menschen ein.

Gründe für Besiedlung	Auswirkungen von Vulkanismus/Erdbeben

Im Süden Europas

Landnutzung im Mittelmeerraum

Trockenfeldbau

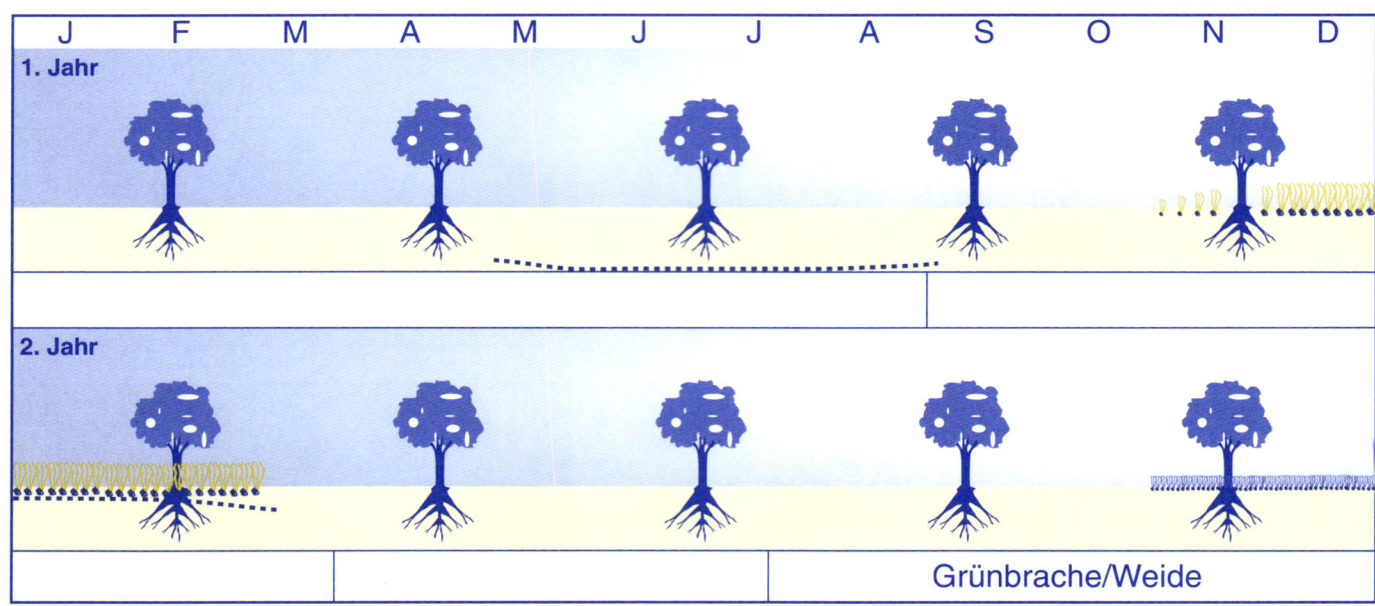

① Ergänze in den Skizzen: Grundwasserspiegel, Feldnutzung, einjährige Kulturen.

② Beschrifte die Stockwerke (oberes ①, unteres ② Stockwerk).

③ Erläutere Vorteile des Stockwerkbaus.

_____

_____

Bewässerungsfeldbau

④ Nenne Vorteile des Bewässerungsfeldbaus.

_____

_____

⑤ Zunehmend wird im Bewässerungsfeldbau die Tropfenbewässerung angewendet.

a) Beschreibe deren Funktionsweise.

_____

_____

b) Welche Vorteile hat diese Methode gegenüber der herkömmlichen Bewässerung?

_____

_____

Im Süden Europas

Unterwegs im Mittelmeerraum

Manuela ist ganz aufgeregt – ihre Eltern haben in einem Kreuzworträtsel den Hauptpreis gewonnen: Eine Mittelmeerkreuzfahrt mit der „Holiday Sun"! In den Reiseunterlagen sind Stationen aufgeführt.
Venedig – Dubrovnik – Athen – Antalya – Alexandria – Valletta – Palermo – Barcelona – Marseille – Genua lautet die Reiseroute.

❶ Trage den Reiseverlauf in die Karte ein.

❷ Ordne den Hafenstädten das jeweilige Land sowie die entsprechende Währung zu.

	Venedig	Dubrovnik	Athen	Antalya	Alexandria	Valletta	Palermo	Barcelona	Marseille	Genua
Land										
Währung										

❸ Unterstreiche in der Tabelle die Länder, die Mitglieder der Europäischen Union sind.

❹ Bestimme die Länge der einzelnen Schiffspassagen mithilfe der Maßstabsleiste möglichst genau. Trage sie in die Tabelle ein.

❺ Die Geschwindigkeit der „Holiday Sun" beträgt ca. 30 km pro Stunde.
Berechne, wie viele Stunden Manuela mit ihren Eltern auf See ist.

_____

❻ Welche Kontinente wird Manuela während ihrer Reise betreten?

_____

	Entfernung (in km)	Fahrzeit (in Stunden)
Venedig – Dubrovnik		
Dubrovnik – Athen		
Athen – Antalya		
Antalya – Alexandria		
Alexandria – Valletta		
Valletta – Palermo		
Palermo – Barcelona		
Barcelona – Marseille		
Marseille – Genua		
Gesamtstrecke		

Wir in Europa

24

Verkehrsprojekte und Verkehrswege in Europa

Für die Wirtschaft Europas spielt das Verkehrswesen eine große Rolle. Dabei wird das Reisen und Transportieren innerhalb des geeinten Europas durch wegfallende Grenzkontrollen zunehmend einfacher und schneller. Gleichzeitig werden umfangreiche Anstrengungen unternommen, die Verkehrseinrichtungen wie Straßen, Tunnel, Schienen, Kanäle, Brücken und Flughäfen moderner und leistungsfähiger zu gestalten.

Beispiele für ein transeuropäisches Verkehrsnetz

A – Öresund-Verbindung

B – Eurotunnel

C – Alpentransit (Tunnel: z. B. _____)

❶ Trage die benannten Verkehrsprojekte mit dem Buchstaben in die Karte ein.

❷ Berichte von diesen ausgewählten Verkehrsprojekten (A, B und C) ausführlich:
 – Welche Länder werden verbunden?
 – Welche Verkehrsmittel werden genutzt?
 – Worin bestehen die Vorteile dieser Projekte?
 – Nenne Besonderheiten dieser Projekte.
 Nutze dazu das Lehrbuch und andere Hilfsmittel.

❸ Erkläre den Begriff und die Vorteile des kombinierten Verkehrs.

© 2004 Schroedel